MELHORES POEMAS

Mário Faustino

Direção
EDLA VAN STEEN

MELHORES
POEMAS

Mário Faustino

Seleção
BENEDITO NUNES

© Mário Faustino, 1985
3ª EDIÇÃO, GLOBAL EDITORA, SÃO PAULO 2000
1ª REIMPRESSÃO, 2009

Diretor Editorial
JEFFERSON L. ALVES

Capa
MARCELO LAURINO

Revisão
VIRGINIA ARAÚJO THOMÉ
ANA MARIA A. RIBEIRO
LEILA NUNES

Produção Gráfica
FRANSCISCO CÁCERES

Dados Internacionais de Catalogação na Publicação (CIP)
(Câmara Brasileira do Livro, SP, Brasil)

Faustino, Mário, 1930-1962.
  Melhores poemas de Mário Faustino / seleção de Benedito Nunes. – 3ª ed. – São Paulo : Global, 2000. – (Melhores poemas ; 14)

  ISBN 85-260-0345-3

  1. Poesia brasileira I. Nunes, Benedito, 1929- II. Título.

85-0256   CDD-869.915

Índices para catálogo sistemático:

1. Poesia : Século 20 : Literatura brasileira   869.915
2. Século 20 : Poesia : Literatura brasileira   869.915

Direitos Reservados
GLOBAL EDITORA E DISTRIBUIDORA LTDA.

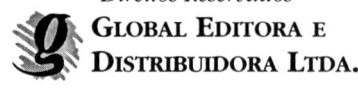

Rua Pirapitingüi, 111 – Liberdade
CEP 01508-020 – São Paulo – SP
Tel.: (11) 3277-7999 – Fax: (11) 3277-8141
E.mail: global@globaleditora.com.br
www.globaleditora.com.br

Colabore com a produção científica e cultural.
Proibida a reprodução total ou parcial desta obra sem a autorização do editor.

Nº DE CATÁLOGO: **1582**

BENEDITO NUNES

Nasceu em Belém, em 1929. Professor universitário, ensaísta e crítico literário, colabora nos principais jornais e revistas brasileiras. Autor de uma vasta obra, destacam-se entre seus trabalhos: O Dorso do Tigre, *Editora Perspectiva;* João Cabral de Melo Neto *("Coleção Poetas do Brasil"), Editora Vozes;* A leitura de Clarice Lispector, *Editora Quiron;* Oswald Canibal, *Editora Perspectiva;* Farias Brito *("Coleção Nossos Clásssicos"), Editora Agir;* Introdução à filosofia da arte *e* Filosofia contemporânea, *Editora Dominus. É professor de Filosofia na Universidade Federal do Pará.*

Tão pouco extensa quanto foi a vida de seu autor, a poesia de Mário Faustino está marcada por uma profunda unidade, em contraste com o seu perfil inquieto e mutável, aparentemente dispersivo e inacabado.

Por maiores que sejam as diferenças estéticas que os separam, os poemas desta Antologia, selecionados de O Homem e sua Hora *(1955) — único livro publicado pelo poeta — e de sua produção esparsa posterior — que passou da composição provisória, dita experimental, ao "fragmento" — revelam o desdobramento de uma mesma temática, e a preponderância, não só do verso, como, sobretudo, do substrato mágico e mítico da linguagem poética, realçado pela tradição moderna, ainda quando absorvem traços do Concretismo (o espacejamento tipográfico e a fissura das palavras).*

Dessa perspectiva, que é a da linguagem substantificada, em que palavra e coisa se tornam mutuamente reversíveis, os sonetos e os poemas da fase de O Homem e sua Hora, *principalmente os "Sete Sonetos de Amor e Morte" desse livro, são exemplares. Densamente metafóricos e alusivos, harmonizam diversas tonalidades expressivas — o canto e o louvor, a celebração e o vaticínio — de encontro à projeção dramática da subjetividade tensa, o Eu universalizado como* contendor *(agonistes) do mundo, e ligam a particular disposição anímica do poeta, convertida em sentimento de existência, a um fundo mítico extraído da cultura clássica e do Cristianismo.*

Surpreendemos aí o embalo da grande lírica do sobressalto metafísico, da revivescência órfica e da rememoração histórica, ora dialogal, ora tendendo ao distanciamento narrativo, épico, que perpassa nos demais poemas em conjunto. Aprendida em T. S. Eliot, Hart Crane, Dylan Thomas e Ezra Pound, mas também no Carlos Drummond de Andrade de Claro Enigma, *na Cecília Meireles de* Romanceiro da Inconfidência, *e no Jorge de Lima de* Invenção de Orfeu, *ela traz o cunho de auto-reflexividade que lhe imprimiu a tradição moderna, tematizando ao mesmo tempo que os limites extremos da experiência vivida, entre os quais se move, o enigma de sua própria linguagem.*

Nesse último sentido, Mário Faustino pode bem ser considerado o poeta da poesia — o poeta que pensa — para quem a criação verbal, encadeamento de vida e linguagem, constitui-se numa forma simbólica de percepção e de concepção das coisas, inseparável das muitas polaridades existenciais — amor e desamor, tempo e eternidade, perdição e salvação, carne e espírito — desenroladas dentro do antagonismo maior entre vida e morte que o obsedou, por extensivas redes de imagens e de alusões (elementos marinhos e atmosféricos, solares e insulares, Vasco da Gama, El-Rei Dom Sebastião, Inês de Castro, de Camões, e Lídia, de Fernando Pessoa, Cristo e Xerxes, etc.) em unidades rítmico-melódicas versáteis, de impecável musicalidade, tanto nos poemas de recorte concretístico quanto nos "fragmentos". Poucas vezes a poesia brasileira foi tão musical como em "Romance", e poucas vezes, também, terá atingido a altitude do sentimento trágico, do amor fati, a que chegam "Sinto que o Mês Presente me Assassina" e "Juventude", partes de uma obra que é tanto poesia da experiência quanto experiência da poesia.

Poeta da poesia Mário Faustino o foi igualmente como poeta-crítico, na medida em que pensou a historicidade da linguagem poética, feita matéria de experiência cultural, enquanto tradição viva, na qual a herança clássica se fundiu à moderna, e que conseguiu inculcar em seus versos: tecido de temas, formas, procedimentos e técnicas, tramado e retramado, em diferentes épocas, do passado mais remoto ao presente, de obra individual a obra individual, entre Homero e Ezra Pound.

De maneira análoga, a função de crítico militante em que se prolongou a sua atividade de poeta, por ele desempenhada durante mais de dois anos, em nível didático, numa página do Suplemento Dominical do Jornal do Brasil — não por acaso denominada Poesia-Experiência — exerceu-a Mário Faustino aplicando o conhecimento do repertório poético à prática da criação. O modo que empregou para realizá-la, conforme a diretriz do make it new, de Ezra Pound, pela inventiva retomada dos "Mestres do Passado", de novo refeitos, mormente através da tradução recriadora, deu a essa prática o cunho de aprendizagem e, conseqüentemente, de reapropriação da poesia tradicional.

Ainda hoje atual pela defesa dos valores de permanência que intentou, durante o período de ascensão das vanguardas, entre 1957 e 1960, a crítica de Mário Faustino responderia afirmativamente, sob a necessária reserva da especificidade da palavra poética, à questão candente então discutida, do alcance político participante da poesia em geral. A transação do velho com o novo, que lhe orientou as avaliações críticas, foi, igualmente, a linha mestra de sua criação individual. Mais ostensiva naqueles poemas próximos do Concretismo — "primos da poesia concreta", segundo o próprio autor, e que, menos experimentais do que lúdicos, tanto têm embaraçado a justa apreciação do valor de sua obra — a transação do velho com o novo, eminente em O Homem e sua Hora, *persistiu na escrita final e agônica dos "fragmentos".*

Adotando o "fragmento", Mário Faustino retomou, pela última vez, antigo projeto, sem dúvida paradoxal: o retorno ao poema longo, que respeitasse o espírito de síntese da tradição moderna, em nome do qual Edgar Poe o repudiara. A síntese seria respeitada tanto na composição das partes quanto na construção do todo, pois que o poema longo deveria surgir e crescer, permanentemente, da justaposição ou "montagem", periodicamente realizada, de unidades parcelares mínimas, com a autonomia de poemas comuns, por sua vez oriundos de registros, adrede retrabalhados, de momentos vividos.

Variantes do mesmo continente lírico de O Homem e sua Hora, *em função de uma "estética do fragmentário", essas unidades parcelares mínimas, "os fragmentos" propriamente ditos — identificáveis pelos pontos de interrupção no começo e no fim — diversificariam no tom, quase impessoal, e na forma, enumerativa, sintaticamente rarefeita e de ritmo ondulatório, a obra de Mário Faustino, a que se entrosam tematicamente.*

Se a morte, entranhado motivo dessa obra, interrompeu o prosseguimento do plano, que se tornara projeto de uma vida inteira, a fazer-se e concluir-se com ela, o que, entretanto, resultou do poema longo, no ponto de cessação da existência, permaneceria acabado.

Benedito Nunes

POEMAS

Romance

Para as Festas da Agonia
Vi-te chegar, como havia
Sonhado já que chegasses:
Vinha teu vulto tão belo
Em teu cavalo amarelo,
Anjo meu, que, se me amasses,
Em teu cavalo eu partira
Sem saudade, pena, ou ira;
Teu cavalo, que amarraras
Ao tronco de minha glória
E pastava-me a memória,
Feno de ouro, gramas raras.
Era tão cálido o peito
Angélico, onde meu leito
Me deixaste então fazer,
Que pude esquecer a cor
Dos olhos da Vida e a dor
Que o Sono vinha trazer.
Tão celeste foi a Festa,
Tão fino o Anjo, e a Besta
Onde montei tão serena,

Que posso, Damas, dizer-vos
E a vós, Senhores, tão servos
De outra Festa mais terrena —

Não morri de mala sorte,
Morri de amor pela Morte.

Vida toda linguagem

Vida toda linguagem,
frase perfeita sempre, talvez verso,
geralmente sem qualquer adjetivo,
coluna sem ornamento, geralmente partida.
Vida toda linguagem,
há entretanto um verbo, um verbo sempre, e um nome
aqui, ali, assegurando a perfeição
eterna do período, talvez verso,
talvez interjetivo, verso, verso.
Vida toda linguagem,
feto sugando em língua compassiva
o sangue que criança espalhará — oh metáfora ativa!
leite jorrado em fonte adolescente,
sêmen de homens maduros, verbo, verbo.
Vida toda linguagem,
bem o conhecem velhos que repetem,
contra negras janelas, cintilantes imagens
que lhes estrelam turvas trajetórias.
Vida toda linguagem —
                como todos sabemos
conjugar esses verbos, nomear

esses nomes:
            amar, fazer, destruir,
homem, mulher e besta, diabo e anjo
e deus talvez, e nada.
Vida toda linguagem,
vida sempre perfeita,
imperfeitos somente os vocábulos mortos
com que um homem jovem, nos terraços do inverno,
                              [contra a chuva,
tenta fazê-la eterna — como se lhe faltasse
outra, imortal sintaxe
à vida que é perfeita
                língua
                     eterna.

Sinto que o mês presente me assassina

Sinto que o mês presente me assassina,
As aves atuais nasceram mudas
E o tempo na verdade tem domínio
Sobre homens nus ao sul de luas curvas.
Sinto que o mês presente me assassina,
Corro despido atrás de um cristo preso,
Cavalheiro gentil que me abomina
E atrai-me ao despudor da luz esquerda
Ao beco de agonia onde me espreita
A morte espacial que me ilumina.
Sinto que o mês presente me assassina
E o temporal ladrão rouba-me as fêmeas
De apóstolos marujos que me arrastam
Ao longo da corrente onde blásfemas
Gaivotas provam peixes de milagre.
Sinto que o mês presente me assassina,
Há luto nas rosáceas desta aurora,
Há sinos de ironia em cada hora
(Na libra escorpiões pesam-me a sina)
Há panos de imprimir a dura face
À força de suor, de sangue e chaga.

Sinto que o mês presente me assassina,
Os derradeiros astros nascem tortos
E o tempo na verdade tem domínio
Sobre o morto que enterra os próprios mortos.
O tempo na verdade tem domínio,
Amen, amen vos digo, tem domínio
E ri do que desfere verbos, dardos
De falso eterno que retornam para
Assassinar-nos num mês assassino.

O mundo que venci deu-me um amor

O mundo que venci deu-me um amor,
Um troféu perigoso, este cavalo
Carregado de infantes couraçados.
O mundo que venci deu-me um amor
Alado galopando em céus irados,
Por cima de qualquer muro de credo,
Por cima de qualquer fosso de sexo.
O mundo que venci deu-me um amor
Amor feito de insulto e pranto e riso,
Amor que força as portas dos infernos,
Amor que galga o cume ao paraíso.
Amor que dorme e treme. Que desperta
E torna contra mim, e me devora
E me rumina em cantos de vitória...

Nam sibyllam...

Lá onde um velho corpo desfraldava
As trêmulas imagens de seus anos;
Onde imaturo corpo condenava
Ao canibal solar seus tenros anos;
Lá onde em cada corpo vi gravadas
Lápides eloqüentes de um passado
Ou de um futuro argüido pelos anos;
Lá cândidos leões alvijubados
Às brisas temporais se espedaçavam
Contra as salsas areias sibilantes;
Lá vi o pó do espaço me enrolando
Em turbilhões de peixes e preságios
Pois na orla do mundo as delatantes
Sombras marinhas, vagas, me apontavam.

Inferno, eterno inverno, quero dar

Inferno, eterno inverno, quero dar
Teu nome à dor sem nome deste dia
Sem sol, céu sem furor, praia sem mar,
Escuma de alma à beira da agonia.
Inferno, eterno inverno, quero olhar
De frente a gorja em fogo da elegia,
Outono e purgatório, clima e lar
De silente quimera, quieta e fria.
Inverno, teu inferno a mim não traz
Mais do que a dura imagem do juízo
Final com que me aturde essa falaz
Beleza de teus verbos de granizo:
Carátula celeste, onde o fugaz
Estio de teu riso — paraíso?

Agonistes

Dormia um redentor no sol que ardia
O louro e a cera, dons hipotecados
Da carne postulada pelo dia;
Dormia um redentor nos incensados
Lençóis que a lua póstuma cobria
De mirra e de açafrões embalsamados;
Dormia um redentor no navegante
Das mortalhas de escuma que roía
O verme de seus sonhos abafados;
E até no atol do sexo triunfante
Do mar e da salsugem da agonia
Dormia um redentor: e era bastante
Para acordá-lo o verso que bramia
No cérebro do atleta e lá morria.

Onde paira a canção recomeçada

Onde paira a canção recomeçada
No capitel de acanto de teu lar?
Onde prossegue a dança terminada
Nas lajes de meu tempo de chorar?
Rapaz, em minhas mãos cheias de areia
Conto os astros que faltam no horizonte
Da praia soluçante onde passeia
A espuma de teu fim, pranto sem fonte.
Oh juventude, um pálio de inocência
Jamais se estenderá sobre outra aurora
Mais clara que esta clara adolescência
Onde o lupanar da noite hoje devora:
Que vale o lenço impuro da elegia
Sobre teu rosto, lúcida alegria?

Ego de Mona Kateudo

Dor, dor de minha alma, é madrugada
E aportam-me lembranças de quem amo.
E dobram sonhos na mal-estrelada
Memória arfante donde alguém que chamo
Para outros braços cardiais me nega
Restos de rosa entre lençóis de olvido.
Ao longe ladra um coração na cega
Noite ambulante. E escuto-te o mugido,
Oh vento que meu cérebro aleitaste,
Tempo que meu destino ruminaste.
Amor, amor, enquanto luzes, puro,
Dormido e claro, eu velo em vasto escuro,
Ouvindo as asas roucas de outro dia
Cantar sem despertar minha alegria.

Estava lá Aquiles, que abraçava

Estava lá Aquiles, que abraçava
Enfim Heitor, secreto personagem
Do sonho que na tenda o torturava;
Esta lá Saul, tendo por pajem
Davi, que ao som da cítara cantava;
E estavam lá seteiros que pensavam
Sebastião e as chagas que o mataram.
Nesse jardim, quantos as mãos deixavam
Levar aos lábios que os atraiçoaram!
Era a cidade exata, aberta, clara:
Estava lá o arcanjo incendiado
Sentado aos pés de quem desafiara;
E estava lá um deus crucificado
Beijando uma vez mais o enforcado.

O homem e sua hora

...Et in saecula saeculorum: mas
Que século, este século — que ano
Mais-que-bissexto, este —

                Ai, estações —
Esta estação não é das chuvas, quando
Os frutos se preparam, nem das secas,
Quando os pomos preclaros se oferecem.
(Nem podemos chamá-la primavera,
Verão, outono, inverno, coisas que
Profundamente, Herói, desconhecemos...)
Esta é outra estação, é quando os frutos
Apodrecem e com eles quem os come.
Eis a quinta estação, quando um mês tomba,
O décimo-terceiro, o Mais-Que-Agosto,
Como este dia é mais que sexta-feira
E a Hora mais que sexta e roxa.

                Aqui,
Sábia sombra de João, fumo sacro de Febo,
Venho a Delfos e Patmos consultar-vos,
Vós que sabeis que conjunções de agouros
E astros forma esta Hora, que soturnos

Vôos de asas pressagas este instante.
Nox ruit, Aenea, tudo se acumula
Contra nós, no horizonte. As velas que ontem
Acendemos ou brancas enfunamos
O vento apaga e empurra para o abismo.
As cidades que erguemos, nós e nossos
Serenos ascendentes se arruínam
(Muros que escravos levantamos, campos
Ubi Troja — nossa Tróia, Tróia! — fuit...)
E no céu donde a noite rui só vemos
Pálidos anjos, livros e balanças,
Candelabros, cavalos, crocodilos
Vomitando tranqüilos cogumelos
Róseos de sangue e lava — bestas, bestas
Aladas pairam, à hora de o futuro
Fazer-se flama, e a nuvem derreter-se
Em cinza de presente. — Vê, em torno
De mesas tortas jogam meus sonâmbulos,
Meus líderes, meus deuses. Como ocultam
As cartas limpas, como tiram negros
Naipes no vale glauco de meu sonho!
Ezra, trazem mais putas para Elêusis

E hoje Amatonte é todo o vasto mundo:
Prostitutas sagradas! — Se esta carne
Demais sólida pudesse dissolver-se,
Derreter-se e em rocio transformar-se!
Príncipe louro, oh náusea, proibição
Do mais ilustre amor, oh permissão,
Oh propaganda santa do mais rude!
L'amor che move il sole e l'altre stelle
Aqui parou, em ponto morto. Nem
Cometas hoje aciona, ou gestos de
Ternura move rumo aos eixos trêmulos
De seres enlaçados; nem desperta
Encantados centauros de seu sono.
Amor represo em ritos e remorsos,
Eros defunto e desalado. Eros!
Eras tão ledo enquanto não pregavam
No cume do obelisco de teu falo
Uma cruz, um talento de ouro, um preço,
Um prêmio, uma sanção... Desaba a noite.
A noite tomba, Iésus, e no céu
Da tarde, onde os revôos de mil pombas
Soltas pelo desejo de teu reino?

Todo este caos, Homem, para dizer-te
Não seres deus nem rei nem sol nem sino
Dos animais, das pedras — ou dizer-te
Ser débil cana o cetro que não podes
Quebrar, ser de ervas más o diadema
Que não podes cortar com teus cabelos!
Nosso inimigo toma nosso aspecto
Para zombar da nobre nossa espécie:
E quem nos erguerá deste sepulcro?
Herói, vê teus barões assinalados:
Escondem luzes feitas para arder
Por todo o império; e nunca se contemplam
Direto ao coração, antes de agir,
E querem reformar o reino sem
Reformar as províncias; sem que reine
Ordem pelas famílias; sem que neles
Mesmos brilhe azulada disciplina;
E sem retificar seus corações;
E nunca demorando na pesquisa
Da palavra precisa que defina
Seus mandos desconexos. A raiz
Jaz confusa, Kungfútse, nada acima

Poderei ordenar, nem tronco, ramos
Folhas ou flores, muito menos frutos
Ou sementes futuras. Cai a noite.
Vassalos gagos, soberanos mudos,
Fala do trono obscura, o reino rui —
Nox ruit, Aenea, lua nova aponta.
Sobra somente a luz que se concentra
No lume de teus ouros, Lúzbel, luz
Guardada nos porões, átomos, luz
Laboratória, fria, junto à luz
Do fogo que teu par, Abádon, sopra
No deserto oleoso; pois de luz
Mais reta só os ecos desses males
Em minhas, tuas lágrimas, herói.
A noite tomba, nox, e ouvimos sombras
Lamentando o perdido tempo e o Lethes
Atual como o Estígio que não tarda.
Flendo ducimus horas... E é aqui
A cruz onde o caminho se divide
Em dois atalhos: um para o Mosaico
Tártaro espesso, o outro para o lúcido
Heleno Elísio, nosso reino livre

E nosso verbo, nossa dança e chama.
Aqui devo deixar-te, Herói. Retiro-me
Para uma ilha, Chipre, onde nascido
Outrora fui, onde erguerei não uma
Turris ebúrnea, torre inversa, torre
Subterrânea, defesa contra as pombas
Cobálticas, columbas de outro Espírito —
Torre abolida! No marfim que leves
Lunares unicórnios cumularam
Em cemitérios amorosos, eu,
Pigmálion, talharei a nova estátua:
Estátua de marfim, cândida estátua,
Mulher primeira, fêmea de ar, de terra,
De água, de fogo — Hephaistos, sobe, ajuda-me
A compor essa estátua; fácil corpo,
Difícil Face, Santa Face — falta
O sopro acendedor de tua esperta
Inspiração... à noite, enquanto durmo,
Cava-lhe, oh coxo, o gesto e o peito, pede
À deusa tua esposa dê-lhe quantos
Encantos pendem de seu cinto. Phanos,
Phanos, imagens de beleza, chagas

Na memória dos homens... pede a Hermes
Idéias que asas gerem nos tendões
Das palavras certeiras — logos, logos
Carregando de força os sons vazios —
Dá-lhe tu mesmo, Fabro, o mel, a voz
Densa, eficaz, dourada, melopaico
Néctar de sete cordas, musical
Pandora de salvar, não de perder...
Orfeu retesa a lira e solta o pássaro.
Pronta esta estátua, agora, os deuses e eu
Miramos o milagre: branca estátua
De leite, gala, Galatéia, límpida
Contrafacção de canto e eternidade...
E armamos essa estátua, que vencer
Há-de, no mundo, Usura e seus dragões,
Tabus que se ornamentam contra o aberto
Olhar de seu desejo ebúrneo, contra
O raio que forjamos. Prende, artista
À sua ilharga a espada inscrita que hoje
Rasgará rotas rumo ao gral repleto
De sangue, sêmen, lágrimas humanas.
E funde-lhe um escudo e grava nele

O que de sexo em sexo foi plasmado,
O que de boca em boca foi passado,
O que aprendemos mais que o que sofremos,
O que vivemos mais que o que morremos.
Grava os trabalhos de heróis mansos, grava
A tua, a minha forja, ou a de Dédalo,
Grava campos feridos e estaleiros,
Grava ternos andaimes abraçando
Informes edifícios; grava nele
Não de nossos massacres, mas da paz
Fértil de sábias dinastias, paz
Do oleiro em paz com seu nascente jarro
Do pai em paz com seu crescente herdeiro.
A noite rola, Hephaistos. Nesse escudo
Gera-lhe as armas: cisne em branco sobre
Campo de verde e alternas ferramentas
Áureas, entrelaçadas. Na cabeça
Firma-lhe um elmo faiscante, crina
Ofuscadora, horrenda. Tomba a noite,
Mas pronta é nossa estátua, armada e tão
Plácida, prestes, pura quanto Pallas
Bordando seus bordados sem brandir

Egide aterradora. Parte, estátua.
Na terra cor de carne as vias fremem
Duras de sangue e seixos — vai aos homens
Ensinar-lhes a mágica olvidada:
Ensinar-lhes a ver a coisa, a coisa
Não o que gira em torno dela, a ela
Semelho, quase igual, para enganar-nos;
Ensina-lhes a ver, de coisa a coisa,
O fogo que as reúne, não o gelo
Que entre as coisas navega, a separá-las:
No mar cor de mortalha as rotas gemem...
Vai, estátua, levar ao dicionário
A paz entre palavras conflagradas.
Ensina cada infante a discursar
Exata, ardente, claramente: nomes
Em paz com suas coisas, verbos em
Paz com o baile das coisas, oradores
Em paz com seus ouvintes, alvas páginas
Em paz com os planos atros do universo —
Na selva cor de vida atalhos vibram.
Vai, minha estátua, junta as pedras úmidas
Que atiro sobre os ombros, eu que nunca

Bastis que pierres vives — ce sont hommes,
Homens a quem dirás que foram feitos
Por outros deuses para serem novos
Deuses e deuses fabricarem. Vai,
Nos ares cor de espírito aves traçam
Pautas de canto, rumos de alegria.
Tu que não passas guarda entre teus lábios
Nosso lamento. Breve como um brado
É nossa descendência — só tu podes
Tomar de nosso rastro o mais brilhante
Pó que se apegue a teus passos de estrela.
Nox ruit, nós ruimos. Nossa ruína
Pende da corda de teus arcos, leva
Este varão contigo, fatigado,
Espumejante herói de cem naufrágios.
Escuta, Enéias, sombras te repetem
Ainda: I, decus, i, nostrum, melioribus
Utere fatis. Vai, tu, nossa glória,
Gozar melhor destino. Em tua coma
Grisalha como as vagas, vai luzir
Em breve a paz da calmaria. Vai,
Minha estátua, com ele. Quando o coche

Da noite detiveres, canção minha,
Retorna a mim, que passarei mil anos
A contemplar-te, ouvir-te, cogitar-te.
Vênus fará de teu marfim fecunda
Carne que tomarei por fêmea, carne
Feita de verbo, cara carne, mãe
De Paphos, filho nosso, que outra ilha
Fundará, consagrada a tua música,
Teu pensamento, paisagem tua.
Ilha sonora e redolente, cheia
De pios templos, cujos sacerdotes
Repetirão a cada aurora (hrodo,
Hrododáktulos Eos, brododáktulos!)
Que Santo, Santo, Santo é o Ser Humano
— Flecha partindo atrás de flecha eterna —
Agora e sempre, sempre, nunc et semper...

Carpe Diem

Que faço deste dia, que me adora?
Pegá-lo pela cauda, antes da hora
Vermelha de furtar-se ao meu festim?
Ou colocá-lo em música, em palavra,
Ou gravá-lo na pedra, que o sol lavra?
Força é guardá-lo em mim, que um dia assim
Tremenda noite deixa se ela ao leito
Da noite precedente o leva, feito
Escravo dessa fêmea a quem fugira
Por mim, por minha voz e minha lira.

    (Mas já de sombras vejo que se cobre
    Tão surdo ao sonho de ficar — tão nobre.
    Já nele a luz da lua — a morte — mora,
    De traição foi feito: vai-se embora.)

A mis soledades voy

Noite, noite após noite, uma outra noite
Veio lembrar-me da beleza, cada
Noite pensando as úlceras do açoite
Solar sobre meus ombros. Noite herdada
De noites ancestrais, áurea cadeia
De lua entrelaçada a lua, estrela
Amalgamada a estrela... A clara teia
Pescava a solidão do sonho pela
Glória do achado faiscante desta
Líquida noite. Estranha, estranha festa
Em que hoje me embebedas, noite ardente:
Mortalhas no oriente e, no nascente,
Fogueiras de alegria...
                              Dura sorte,
Ter de deixar para outra noite a morte.

Viagem

Apago a vela, enfuno as velas: planto
Um fruto verde no futuro, e parto
De escuna virgem navegante, e canto
Um mar de peixe e febre e estirpe farto —
E ardendo em festas fogo-embalsamadas
Amo em tropel, corcel, centauramente,
Entre sudários queimo as enfaixadas
Fêmeas que me atormentam, musamente —
E espuma desta vaga danço e sonho
Com címbalos e símbolos, harmônio
Onde executo a flor que em mim se embebe,
Centro e cetro, curvando-se ante a sebe
Divina — a própria morte hoje defloro
E vida eterna engendro: gero, adoro.

Balada
(Em memória de um poeta suicida)

Não conseguiu firmar o nobre pacto
Entre o cosmos sangrento e a alma pura.
Porém, não se dobrou perante o facto
Da vitória do caos sobre a vontade
Augusta de ordenar a criatura
Ao menos: luz ao sul da tempestade.
Gladiador defunto mas intacto
(Tanta violência, mas tanta ternura)

Jogou-se contra um mar de sofrimentos
Não para pôr-lhes fim, Hamlet, e sim
Para afirmar-se além de seus tormentos
De monstros cegos contra um só delfim,
Frágil porém vidente, morto ao som
De vagas de verdade e de loucura.
Bateu-se delicado e fino, com
Tanta violência, mas tanta ternura!

Cruel foi teu triunfo, torpe mar.
Celebrara-te tanto, te adorava
Do fundo atroz à superfície, altar
De seus deuses solares — tanto amava
Teu dorso cavalgado de tortura!

Com que fervor enfim te penetrou
No mergulho fatal com que mostrou
Tanta violência, mas tanta ternura!

    Envoi

Senhor, que perdão tem o meu amigo
Por tão clara aventura, mas tão dura?
Não está mais comigo. Nem contigo:
Tanta violência. Mas tanta ternura.

Soneto antigo

Esse estoque de amor que acumulei
Ninguém veio comprar a preço justo.
Preparei meu castelo para um rei
Que mal me olhou, passando, e a quanto custo.

Meu tesouro amoroso há muito as traças
Comeram, secundadas por ladrões.
A luz abandonou as ondas lassas
De refletir um sol que só se põe

Sozinho. Agora vou por meus infernos
Sem fantasma buscar entre fantasmas.
E marcho contra o vento, sobre eternos

Desertos sem retorno, onde olharás
Mas sem o ver, estrela cega, o rastro
Que até aqui deixei, seguindo um astro.

Ressuscitado pelo embate da ressaca

Ressuscitado pelo embate da ressaca,
Eu, voz multiplicada, ergo-me e avanço até
O promontório onde um cadáver, posto em maca,
Hecatombado pela vaga, acusa o céu
Com cem olhos abertos. Fujo e, mais adiante,
O açor rebenta o azul e a pomba, espedaçada,
Ensangüenta-me o rastro. Avante, sombra, avante,
Cassa-me a permissão de ficar vivo. O nada
Ladra a meu lado, lambe e morde o calcanhar
Sem asas de quem passa e no espaço se arrasta
Pedindo paz ao fim, que o princípio não basta:
A vitória pertence ao tempo que no ar
Agita um homem só, troféu tripudiado
Pela noite que abate o sol no mar manchado.

Não quero amar o braço descarnado

Não quero amar o braço descarnado
Que se oculta em meu braço, nem o peito
Silente que se instala no meu lado,
Onde pulsa de horror um ser desfeito
Na presente visão de seu passado
Em futuro sem tempo contrafeito,
Em tempo sem compasso transmudado.
O morto que em mim jaz aqui rejeito.
Quero entregar-me ao vivo que hoje sua
De medo de perder-me em pleno leito
Rubro de vida e morte em que me deito
À luz de ardente e grave e cheia lua.
Ao que, se a Morte chama ao longe: Mário!,
Me abraça estremecendo em meu sudário.

..........................(*)
E nos irados olhos das bacantes
Finalmente descubro quem procuro.
Não eras tu, Poesia, meras armas,
Pura consolação de minha luta.
Nem eras tu, Amor, meu camarada,
Às costas me levando, após a luta.
Procurava-me a mim, e ora me encontro
Em meu reflexo, nos olhares duros
De ébrios que me fuzilam contra o muro
E o perdão de meu canto. Sobre as nuvens
Defronte mãos escrevem numa estranha,
Antiqüíssima língua estas palavras
Que afinal compreendo: toda vida
É perfeita. E pungente, e raro, e breve
É o tempo que me dão para viver-me,
Achado e precioso. Mas saúdo
Em mim a minha paz final. Metade
Infame de homem beija os pés da outra
Diva metade, enquanto esta se curva
E retribui, humilde, a reverência.
A serpente tritura a própria cauda,

O círculo de fogo se devora,
Arrasta-se o cadáver bem ferido
Para fora do palco:
                    este cevado
Bezerro justifica minha vida.

(*) Parte final de **A Reconstrução,** poema longo, inacabado, provavelmente de 1956.

Divisamos assim o adolescente

Divisamos assim o adolescente,
A rir, desnudo, em praias impolutas.
Amado por um fauno sem presente
E sem passado, eternas prostitutas
Velavam por seu sono. Assim, pendente
O rosto sobre um ombro, pelas grutas
Do tempo o contemplamos, refulgente
Segredo de uma concha sem volutas.
Infância e madureza o cortejavam,
Velhice vigilante o protegia.
E loucos e ladrões acalentavam
Seu sono suave, até que um deus fendia
O céu, buscando arrebatá-lo, enquanto
Durasse ainda aquele breve encanto.

Cavossonante escudo nosso

Cavossonante escudo nosso
    palavra: panacéia
ornado de consolos e compensas
enquanto a seta-fado
nos envenena ambos tendões
                rachados.

No sabuloso mar na salsa areia
alimento não cresce
            cobras crescem
e nos impõe silêncio o bramir vero
do veado oceano
        cio cio
verdade, matogrosso universal
viscosamente ouvida
              não palavras não palavras
            e do cosmo selvagem
recém recém tombada:

            AMOR
estrela inominada pedra lava
escudo panejante panacéia
                    (a cruz se enfuna)

bólide trespassando chão-essência
peito-presença

    AQUI

        estamos.
Entre nome e fenômeno balança
nunca meu coração:
        ferido sangra
pelo rosto do ser e por seus rins,
indiferente, he le na, às sílabas
véus teu ventre disfar-farçando:
ele singra ele sangra ele roxo
   ...espuma...
pela forma da coisa por seu peso
e pára de pulsar rugindo contra
o que serve de rocha e despedaça
a liberdade sétima — tocar
a liberdade oitava — penetrar
a liberdade inteira — conhecer:

COR AÇÃO

o sopro do metal ressoa chama
para a luta real
              (há remoinhos)
cavossonante escudo rebentamos
a fraga estilhaçamos nus sem-pele
estrelorientados rumo-nós
                    boiamos
ainda que parados:
                mudos:
                        somos.

22-10-1956

Existencial narciso mais que fisio-
nômico espelho-indiferente mira
-se nas calendas: seis e vinte, vinte e
seis voltas vem re volu cionar
em torno de seu próprio ser e sol.

      nascendo nas virilhas, riso
1   e lágrimas escorrendo ao pé da forca
o   um minuto detém-se no seu curso
s   e às tuas ordens JOSUÉ! se estende
O   contra si mesmo para desflorar-se:
fecunda-se devora-se rumina
vomitando-se o ser que volta a ser
e o sol que assola ardendo a sós no solo

No solo esse narciso sol itário
de sangue se enche e se esvazia, flora
e murcha, maré lua coito sístole
oculta-se, desvenda-se: flor talo
no tálamo do tempo ereto prestes

a penetrar na cova duma espada,
dum verme que o derrota: castra: suga.

Castra, castra, acampamentos ergo e queimo
SUScitando soldados sobre mim
e ao peito mercenários soldo e pago
o apago quanto amor me sobe o monte
em jumento montado
                    ou de cruz carregado:

nos átomos desvendo e surpreendo
-me nas raízes que me chupam castas
e em violetas me violentam — frutos
NÃO : pois inútilbelo tenho sido
talvez malvadorrendo
e do bembelo hei rido
o feiobom ferido
de sócrates zombado
com crítias fornicado:
                    para QUÊ?

— De qualquer modo um homem fala:
                    p
                    h
                    a
                    l
                    o
                    s
   . . . l o l â h p/
senta-se na balança donde fala
outubro outubro ao tempo, ao tempo rubro
donde entre brumas um lacrau se esgueira
e morde o calcanhar do sagitário:

e morde o calcanhar do SOLitário
e o tendão fere de aquileu que chora
não por patroklos morto mas'por um
     patroklos traidor que atrás das naus
vendeu-me por dinheiros (30) e foi-se.

Foi-se na espuma — foice de escuma sega
meu pescoço nodoso e pelágicos deuses
conspiram contra mim, jogam-me em ilhas
que não são minhas e entrementes minha

terra é posse de príncipes que roubam
tudo o que amontoei para meus filhos:
                              urânio
                       netúnio
                plutônio
             petróleo
planetas diamantes que no ovário
terrestre armazenei roubam-me enquanto
eu lutando com eros
idem idem com verbo
eu lutando com mar, com circe e com
Migomesmo, guerreiro atribulado
durmo e esqueço meu povo e minha fêmea
e meu filho telêmaco! e meu pai.

Talvez um outro outubro me descubra
equilibrado sobre os pratos claros
de minha libra e em vez de escorpiões
picando o pôr-do-
            s
            o
                    l tenhamos pombas
anunciando o fim da tempestade.

Talvez um outro outubro me descubra
posêidon-perdoado e em paz com minha
terra e meu tempo
              então cantarei de outro
outubro e cantarei, de mim não mais, de vós
irmãos que vos beijais após o jogo
floral onde meus verbos flor! irão:

o resto ——
           silêncio!
                  sabereis quando nascer
o fruto cujo sêmen planto agora
na boca duma noite contraurora.

Moriturus salutat

O céu azula a poça
o sol
sol amarela
        a grama.

O homem
(Soldado,
a sorte está lançada!)
avermelhando o rio.
Centopéia,
verme pé ante pé,
avanças:
posso rir-me do gamo
correndo sem sentido pela mata?
a sanguessuga avança,
eu corro com sentido:
eu mato —
eu caio sem sentidos,
ora, morro.
O monte, o verde gaio,
passa, corrente, o gamo;
ora, eu amo
o córrego sangrento (avante!) eu sinto

— o céu azula a poça, o sol
sol, amarelo ramo, soltos dados:
oh sorte de cem pés, oh quem me chama?

Soldado,
progredir rosto contra
formigas,
soldado dedicado, revólver,
formas amigas,
regredir sem sentido
(inimigos?)
a fronte contra a lama:
soldado,
      quem te ama?

Cubo azul, amarelo, verde, rubro,
a morte está cansada:
formiga, sanguessuga, centopéia,
revólver contra os ossos
— não querem devolver-nos o que é nosso;
o céu, o sol, o rio, gamo e ramo,
revólver: "Aqui jaz..."

— Devolverão a paz?

Marginal poema 15

Item:
as estações
o que delas nos deixa capricórnio
rios cercando a folha
a nuca, a testa oblíquas sobre a folha
rios formam baía
              rios param;

pinho, pasta, papel: creme de luz, luz creme
e tinta e noite e letra
              o vácuo
é luminoso e flui
              (é vago)
o negro é quem ocorre
e existe (exato)
              obscuro

e obscuro igual a vago;
e da mesma maneira:

"deleitoso este livro neste inverno";
neste, inverno, que mais
é primavera mais outono ou menos
o que em tudo persiste de verão

de luz sobre as baías: de ar molhado
sem peixes, com gramados
e automóveis fluindo
e da mesma maneira:

          "onde estou eu?"
ela pergunta (no filme)
e dessa mesma
maneira as estações;
ou o que nos deixa o bode com seus cornos
em riste arremessando contra a própria
folha final (impressa)
corroída de espaço
e tempo
      ("encontro-te em tal rua, às tantas horas")
e da mesma maneira:

— a moça atleta deixa
cair mangas douradas em seu curso;
— as praias afinal completaram seu cerco
do maroceano,
jornais enrolam périplos, viagens
detidas nas manchetes —

em torno de seu fel o cálice endurece;
— este passando fome;
— aquele injustiçado;
— esta prostituída;
— aquela analfabeta
— estes desempregados, aquelas
aquelas abortando
                    nós, vós, eles
ameaçados, engambelados —

e as pálpebras se fixam: nas palmeiras,
cocos de sal vergando cílios duros:
o relógio, a baía, mastros, números
e da mesma maneira:

a folha mais a folha mais a folha
(papel, papel impresso)
parada de estações
retângulo de ser
              e estar
item de preto igual a sono escuro

a tormenta soprava leste-oeste;
ou de ontem para hoje?
ou do norte para
               amanhã?
ou do sul para sempre?

Ou do sul para sempre;
e da mesma maneira o dia: creme
salpicado de noite e nome:
                      aqui.

Apelo de Teresópolis

Raiz de serra
raiz da terra

na raiz do ser
                está o mal.

Botão de rosa
botão da coisa
borbotões de sangue;
                o mangue,
                este é o mal.

Cimo de cerro
no imo do ermo
                rasteja o erro.

Nu.
    Neste dedo.
            A lousa
raiada de restos.
              — Pão
para os que sobrevivem!

    Lá
é rara a que sempre vive.
    Tomba
a cara entre a lide e a vide —

O sal da terra.
(A leste, o mar.)
O ser enfermo.
Resto
— "Que resta de teu filho?"
     As pombas
      ímpares
hoje se odeiam.
O sal, a serra, a sul o mangue —
Longe se ateia
vasto rastilho:

voz que reclama
raiz de serra
na foz da chama
rosa de sangue
na luz da lama

cimo de cerro
no limo do erro
voz que proclama

        — Não há bombas
limpas.

Ariazul

ÁRIA

em honra dum ar de colina;
                    anno primo,
infinita sazão, janeiro fim; alhures,
longe:
    ar de colina, alguém re
spire
    estes nomes — em honra
                        expire:
estrada crepúsculo altura
                    gume-de-folha-de-grama
espada serrando horizonte
                    e serra
e verbo inscrito no aço:

PASSO

Laço laço de corda sino enforca
espaço
    sol pesa no pescoço

TEANTROPO

constelado suicida no oceano:
                                 o ano
suscita um outro ano
                                 ar de colina
eixo celeste   vertebral coluna
traído pela brisa   mastro   mestre
abandona a bandeira da balança

NOITE

— Tombada a noite, rasgado o véu, santo dos santos,
para o sopé descemos, onde nos esperava
o jogo — dados, mais dados — e zumbido no ouvido —

— E do salão o deslizar se ouvia
dos carros na rodovia, como se ouve
o mar — outro, mais outro — sobre as conchas
                                     [atentas —

PESO

fiel dum lado mais que doutra lágrima
e pouso algum de pedra onde apoiar-se.
Ar raro:

       ar de colina:
              raro

                AR
raro ar feito corpo. Corpo: salto
e carne. E sal roendo músculo sagrado.
Eixo celeste vertebral coluna

              SINO
gongo
     sinal de luz total
                      ruína
gume de caule e flor
              espada — linha
injusta de horizonte, aço gravado:

            TUDO QUE PASSA
— Nada. Se passa —
            ar de colina
                    raro

             AZUL

. . .
Juventude —
a jusante a maré entrega tudo —

maravilha do vento soprando sobre a maravilha
de estar vivo e capaz de sentir
maravilhas no vento —
amar a ilha, amar o vento, amar o sopro, o rasto —
maravilha de estar ensimesmado
(a maravilha: vivo!),
tragado pelo vento, assinalado
nos pélagos do vento, recomposto
nos pósteros do tempo, assassinado
na pletora do vento —
maravilha de ser capaz,
maravilha de estar a postos,
maravilha de em paz sentir
maravilhas no vento
e apascentar o vento,
encapelado vento —
mar à vista da ilha,
eternidade à vista
do tempo —

o tempo: sempre o sopro
etéreo sobre os pagos, sobre as régias do vento,
do montuoso vento —
e a terna idade amarga — juventude —
êxtase ao vivo, ergue-se o vento lívido,
vento salgado, paz de sentinela
maravilhada à vista
de si mesma nas algas
do tumultuoso vento,
de seus restos na mágoa
do tumulário tempo,
de seu pranto nas águas do mar justo —
maravilha de estar assimilado
pelo vento repleto
e pelo mar completo — juventude —

a montante a maré apaga tudo —
. . .

...
Gaivota, vais e voltas,
gaivota, vais — e não voltas.
Somem-se os homens, deixam-se os peixes
ir à deriva —
mal se respira
o ar do mundo
e experimenta-se a voracidade
do mar, do fundo
envenenado:
esperma — e mente,
ira — e sorriso,
esperança — e dança.
Alguém traz a mirra,
traz açafrão, azeite, vinagre:
eis o homem disposto, com suas faixas,
ei-lo em templo deposto, entre seus panos.
Maresia, santidade — que perfume!
Exaure-se a vela de ouro, esgota-se o pavio,
cala-se alguém que não quis beber seu cálice,
alguém que não quis beber,
alguém que não quis

o mar, em vão e nada, o árduo mundo,
gota após gota, anos e anos.
Contemplando o poente, os albatrozes
refletem-se nos elmos derrotados.
Alguém canta o refrão. As algas dançam
no mar de vinho amargo. Xerxes, Xerxes,
açoite após açoite,
agora, enfim, é noite
e esvaem-se os navios.
— É esta, então, a Vera Cidade?
— É essa, Adão, a tua verdade?
Alguém não quis viver,
alguém não quis seu fardo, suas rotas,
alguém entre alcatrazes,
entre peixes vorazes, ser disforme —
santo lume nascente, ou heresia?
Um rei entre santelmos —

(pássaro, pássaro, cala-te, dorme,
Lázaro, Lázaro, vai-te, não voltes.)
. . .

...
Recesso de água entre rochedos turvos,
a terra acolhe o céu,
curva cintilação do resumido
frente à frágua terrível:
                Coliseu,
poço nosso, impossível. Morte, oh Morte,
amortecida em pedra sobre pedra,
em peito entretecido, empedernido,
o ninho se balança — quem alcança?
Roma, invertida, avança.
Como parar, para fruí-lo?
Quando se pára, e colhe
seu diminuto véu de pranto, e cobre
o colo arroxeado, resta a fila
de úmidas feras recolhidas.
Balanças brilham, brilham
— recebem nosso amor para diminuí-lo.

...
o eixo: a envergadura: a tempestade: o todo —
ária de pranto, advento de borrasca,
o mar sem remo tolda os horizontes,
Bóreas tem asco deste canto e vai-se —
a este, o meio. O mar, alto e bifronte,
o mastro verga ao peso de seus astros,
tudo perdura e passa, Vasco e pano,
a hora atordoada, a ponte, o gado —

estado, tempo insone, maremoto,
o peixe em seu sepulcro, o céu doloso,
piso estelado, fulcro de tormentos,
nasce de baixo um feixe, um arco, um pasto —

inviolável ave, procelária,
próxima de seu cume, vela e prumo,
alemar, terraquem, céu soto e supra,
solto esqueleto alado, escuma e sulco,

protelado corcel e corolário
do mar e dor do ar e surto e fumo,
esquálido estilete, flecha e rumo,

esquálido estilete flecha e rumo.

...
— Inês, Inês, quem sobrevive, quem
nos filhos que fabrica?
ut — re — mi — tílias ao vento soltas sussurrando —
— Lídia, a geração dos homens, folhas, folhas,
há-de passar na brisa:
hino ouvido entre neves:
ulti... multi... venturas, aventuras,
vento ululando, vento urrando — vê,
multidões precipitam-se:
"Till death doeth us part": até que a morte, a idade,
idade nos separe; gerações, orações, berrações,
oh in — ut — ilidade, Inês, quem vive,
sobre que filhos, sobre que folhas?
Ouve, repara, ávida Lídia, os sinos,
os fabricados sinos se partiram,
os generados filhos se quebraram,
Todos falhamos, tudo,
ai todos farfalhamos, sinos, folhas:
As fabulosas naves passam prenhes.
Os fenecidos anos voltam secos.
Degenerados, regenerados?
Inês, Lídia, passamos.
...

...
Espadarte em crista de vaga,
espadarte, espuma,
espadarte real,
espadarte atirado à praia, mar em fuga
espadarte tumulto,
espadarte, areal,
raios de sol rodeiam
agonia de peixe,
raios de sol ressecam
o cadáver do peixe,
raios de sol rebrilham
contra os ossos do peixe e sua espada —

estandarte de Cristo, a vaga
de estandartes se esfuma,
estandarte real
estandarte atirado à praia, guarda em fuga,
estandarte, tumulto,
estandarte, areal,
cimitarras rodeiam
agonia de rei,
cimitarras dissecam

o cadáver do rei,
cimitarras rebrilham
contra os ossos do rei e sua espada —

cardume, cardume e turba,
esperamos o peixe
turba, turba e cardume, turba muda,
esperamos o rei —
...

NOTA EXPLICATIVA

Em Mário Faustino a *tradução* excedeu o alcance de instrumento didático a serviço do conhecimento da poesia tradicional. Se a praticou de conformidade com a diretriz do *make it new* (faça-o de maneira nova) poundiano, adotando em *Poesia-Experiência*, sua já citada página de crítica, ao lado da crítica pela discussão (critic by discussion), a crítica por meio da tradução (critic by translation), ainda a conselho do poeta dos Cantos, também fez do ato de traduzir, levado a cabo como transposição inventiva da mensagem poética de um para outro sistema lingüístico, uma segunda vertente de seu próprio trabalho de criação.

Os poemas de Ezra Pound incluídos nesta Antologia, e portanto, também no rol dos "melhores" de Mário Faustino, ilustram essa vertente, na qual a tradução, ousando avançar, conforme queria Goethe, até o limite do intraduzível, torna-se a réplica da experiência de um outro poeta, com quem o autor de *O Homem e sua Hora* enteteve particular afinidade.

Da homenagem a Sextus Propertius (1917)

Orfeo

"Quia pauper amavi."

I

Sombras de Calímaco, fantasmas de Filetas de Cos,
Por vossos bosques sim, passearia,
Eu, primeiro a chegar da fonte clara
Trazendo orgias gregas para a Itália,
                e dança para a Itália.
De quem tereis herdado cadência tão sutil,
    em que vestíbulo a tereis ouvido;

N. do T. — Calímaco, poeta alexandrino, quarto século a.C.; epigramas e hinos; poeta erudito; Filetas de Cos, poeta heróico e elegíaco, obra completamente perdida, também alexandrino e erudito, 340 a 290 a.C.; dele se dizia ser tão magro que punha ferro ou chumbo nos sapatos para resistir ao vento; o herói da Hemônia: Aquiles; o poderoso deus do Oeta: Hércules; o deus da Lícia: Apolo; o "outro" que levou as rochas a Tebas: Anfião; colunas tenarianas, mármore do Tenário, de cor negra.

Que pé terá batido esse compasso,
    que água suavizou vossos gorjeios?

Os que fazem Apolo bocejar, continuarão, bem
        sabemos, com suas
    generalidades marcianas,
Nossas borrachas estão sempre a nosso alcance.
Uma biga do último modelo segue os corcéis
    de flores adornados;
Jovem musa cercada por um enxame de jovens amores
    ascende comigo ao éter...
E não há estrada larga rumo às musas.

Os analistas continuarão a registrar reputações
                            [romanas,
Celebridades transcaucásicas denegrirão celebridades
                            [de Roma
E explicarão as últimas anexações do Império
Mas que dizer de alguma coisa que se leia
    em circunstâncias normais?
Algumas páginas recém-chegadas incólumes da colina
                            [bifurcada?
Eu quero uma coroa que não me esmague a cabeça.

    E quanto a isso não há pressa:
Pularei de cotação após meu funeral,
Já que o tempo aumenta as coisas, pouco importando a
                                            [qualidade.
Pois quem saberia das torres derrubadas por um
                                        [cavalo de pinho;
Ou de Aquiles detendo as águas de Símois
Ou de Heitor salpicando os aros das rodas
Ou de Polidmanto, ao pé do Escamandro, ou de Heleno
                                              [e Deífobo?
Nem seus quintais os reconheceriam, nem os de Páris.
Banalidades, banalidades — Oh, Ílion, e — Oh, Tróia,
        duas vezes tomada pelos deuses de Oeta,
Não fosse Homero expor o vosso caso!

E eu também entre os últimos sobrinhos desta cidade
Um dia me verei atirado às baratas
Sem ao menos uma pedra em meu sepulcro desprezível;
Mas meus votos irão chegando do templo de Febo na
                                               [Lícia,
    em Pátara,
E entrementes minhas canções viajarão,

E as jovens patrícias desvirginadas se deleitarão
                    [com elas
        logo que se acostumem com sua bizarria;
Pois Orfeu domou as feras
        e deteve o curso do rio Trácio;
E Citerão sacudiu as rochas junto a Tebas
        e as fez dançar formando um baluarte —
E tu, oh Polifemo? Pois a rude Galatéia quase
Não se voltava para teus cavalos suarentos
        só por causa de uma toada, sob o Etna?
Precisamos examinar bem a questão.
Estando Baco e Apolo de meu lado
Multidões de raparigas prestarão homenagens a meu
                    [palavreado,
Por mais que minha casa não se erga sobre colunas
        tenarianas da Lacônia (associadas a
        Netuno e Cérbero),

Por mais que não se estique sobre vigas douradas;
Meus pomares não se espalham chatos e amplos
        como as florestas da Feácia
        as luxuosas, as jônias,

Nem minhas caves transbordam de vindimas à la
                                        [Márcio,
Minha adega não data de Numa Pompílio
Nem se mostra eriçada de jarras de vinho,
Nem equipada com patente frigidaire;
Entretanto os companheiros das musas
    manterão seu nariz coletivo em meus livros
E cansados de dados históricos recorrerão a meu canto
                                        [de dança.

Felizes as que menciono em meus panfletos!
    as canções formarão bonita lápide sobre a beleza
    delas.
    Que comparar com isto?

Nem custosas pirâmides arranhando as estrelas em
                                        [sua rota,
Nem casas imitando a de Jove em East Elis,
Nem as efígies monumentais de Mausolo
    formam completa explicação da morte.
Arde a chama, penetra a chuva pelas fendas
Ao piparote dos anos tudo rola em ruínas.

Fica de pé o gênio, ornamento imortal, um nome feito
   para não desgastar-se ao decurso dos anos.

III

Meia-noite e uma carta me chega de nossa amante
Dizendo-me que venha a Tíbur:
              Já!!
"Topos brilhantes se alcançam de torres gêmeas,
"A água das fontes do Ânio penetra nas poças
                              [esparramadas."
Que se há de fazer? Deverei confiar-me às sombras
                              [embaralhadas,
Onde mãos audaciosas poderão violentar minha
                              [pessoa?
Contudo, se procrastino minha obediência
      levado por um terror tão respeitável,
Serei presa de lamentações piores que um assaltante
                              [noturno.
E eu é quem estarei errado,
      e a coisa levará no mínimo doze meses,
Pois suas mãos não têm bondade rumo-a-mim,

E nem há ninguém para quem os amantes não sejam
                        [sagrados à meia-noite
  e na Via Sciro.
Qualquer homem sendo amante pode perambular pela
                        [costa cítia,
Barbárie nenhuma chegaria a ponto de fazer-lhe algum
                        [mal,
A lua carregará tochas acesas à sua frente
E manterá os cachorros doidos longe de seus tornozelos.
Portanto todas as estradas são perfeitamente seguras
  e a qualquer hora;
Quem seria indecoroso a ponto de derramar o sangue
                        [puro de um namorado?!
  Cípris é sua cicerone.

Se os agentes funerários seguirem minhas pegadas —
                        [e daí?
  uma tal morte é digna de ser morrida.
Ela traria incenso e coroas a meu túmulo,
Sentar-se-ia como um ornamento em cima de minha
                        [pira.

Pelos deuses, não me deixem os ossos em lugar público
Com multidões assíduas de mais em atravessá-lo;
Pois é assim que são mais profanadas as tumbas dos
[amantes.

Que um recanto oculto e matoso me cubra com sua
folhagem
Ou que eu mesmo me enterre debaixo dos montículos
de alguma areia ainda não catalogada;
Seja como for não quero meu epitáfio numa rodovia.

VI

Quando, quando e quando quer que a morte nos cerre
[as pálpebras,
Vagando nus sobre o Aqueronte

No mesmo barco, vencedor e vencido juntos.
Mário e Jugurta juntos,
um enredo de sombras.
César trama contra a Índia,
O Tigre e o Eufrates correrão doravante ao seu
[comando,

O Tibé se encherá de policiais romanos,
Os Partas se acostumarão com nossa estatuária
          [convertendo-se a uma religião romana;
Um só barco e a corrente velada do Aqueronte,
     Mário e Jugurta juntos.

E tão-pouco haverá, em meus funerais, um longo
                                        [séquito
     carregando as imagens e os lares ancestrais;
Nem trombetas repletas de meu vazio,
E a coisa não será feita numa cama Atálica;
     Estarão ausentes os panos perfumados.
Uma pequena procissão plebéia.
     O bastante, o bastante e até de mais,
Haverá três livros em minhas exéquias
Os quais levarei, dom não pequeno, para Perséfone.

Acompanharás o peito desnudo, escarificado,
E não estarás cansada de chamar por meu nome,
                         [nem cansada de mais
     para depor o último beijo sobre meus lábios
Quando o ônix da Síria for quebrado.

    "Aquele que agora é pó desocupado
      "Foi certa vez escravo de uma paixão":
Essa inscrição será suficiente
    "Morte por que tardia?"

Tu, vez por outra, lamentarás um amigo perdido,
    Pois trata-se de um costume:
Esse cuidado por homens passados,
Já que Adônis foi chifrado na Itália, e a Citeréia
Correu gritando de cabelos soltos,
    Em vão, tu chamarás de volta a chama,
Cíntia, em vão. Chamado inútil à sombra sem resposta,
    Banais palavras de ossos banais.

IX

Os losangos trançados cessaram seu clamor
                                      [acompanhante;
O loureiro crestado jazia na poeira da pira;
A lua ainda se recusava a descer do céu

Mas podia-se ouvir o pio negro, pressago da coruja.

E mera balsa carrega nossos fados
    no lago velado rumo do Averno
Velas abertas sobre água cerúleas, eu derramaria
    lágrimas por dois;
Eu viverei, se ela ficar com vida,
    se ela morrer, irei com ela.
Grande Zeus, salva a mulher,
    senão ela irá sentar-se a teus pés oculta em véus,
a desfiar a longa lista de seus padecimentos.

XII

(fragmento)

Como uma tartaruga de circo, bem treinada,
Eu comporia versos à vossa maneira, se ela assim me
                                                  [ordenasse,
Seu marido pedindo indulto,
    E mesmo essa infâmia não atrairia lá muitos
                                                    [leitores
Se houvesse uma só paixão erudita ou violenta,

Pois a nobreza do populacho nada tolera abaixo de sua
[própria altitude.
É preciso ter ressonância, ressonância e sonoridade...
[como um ganso.
Varro cantou da expedição de Jasão,
Varro, de sua grande paixão Leucádia;
Há canto no pergaminho; Catulo extremamente
[indecoroso,
De Lésbia, mais célebre que Helena;
E nas páginas tinturadas de Calvus,
Calvus chorando Quintília,
E não faz muito Gallus cantava de Licóris.
Formosa, formosíssima Licóris —
As águas do Estígio corriam sobre a ferida:
E agora Propércio de Cíntia, tomando seu lugar entre
[eles todos.

CANTUS PLANUS

A pantera negra jaz debaixo da roseira
E vêm faunos farejar-lhe os flancos:

    Evoe, Evoe, Evoe Baccho, Oh
    ZAGREUS, Zagreus, Zagreus.

A pantera negra jaz debaixo da roseira.

    II   Hesper adest.   Hesper   II   adest.
        Hesper   II   adest.   II

Phanopoeia

I

ROSA BRANCA, AMARELA, PRATEADA

Remoinho de luz me segue através da praça,
A fumaça do incenso
Sobe dos quatro chifres dos pilares de meu leito,
O jato d'água da luz dourada nos ergue através dos
[tetos;
Lambido pela flama cor de ouro desço através do éter.
A bola de prata forma-se em minha mão,
Tomba e rola a teus pés.

II

SALTUS

A esfera em remoinho entreabriu-se
    e foste arrebatada aos céus,
Foste englobada em minha safira,
                  Iô! Iô!

Tu percebeste as lâminas da flama
Bruxoleio de alparcas pontiagudas.
O esplendor que se lambe e se desdobra
Deteve-se no ar diante de ti.
Tu percebeste as folhas da flama.

III

CONCAVA VALLIS

As faixas alambradas de cor involutada
    erguem-se de meus dedos;
Eu enrolei o vento em torno dos teus ombros
E o metal derretido de teus ombros
    ante o giro do vento se recurva,

    AOI!

Luminoso tecido em turbilhão
Sob nós consolida-se e entretece;
A mar-clara safira do ar, a mar-escura claridade,
Espraia ao mesmo tempo oceano e penhasco.

LUSTRA, 1916

Sobre sua própria face num espelho

Oh face estranha aí no espelho!
Companheiro libertino, sagrado anfitrião,
Oh meu bufão varrido pela dor,
Que responder? Oh vós miríade
Que labutais, brincais, passais,
Zombais, desafiais, vos contrapondo!
Eu? Eu? Eu?
                      E vós?

                          PERSONAE (1908-1910)

A água-furtada

Vamos, lamentemos os que estão em melhor
    situação que a nossa.
Vamos, meu amigo, e lembra-te:
    os ricos têm mordomos e não têm amigos,
E nós temos amigos e não temos mordomos.
Vamos, lamentemos os casados e os solteiros.

A aurora entra com pés pequenos
    Pavlova dourada,
E estou perto do meu desejo.
E a vida não tem nada de melhor
Que esta hora de claro frescor,
    a hora de acordar juntos.

LUSTRA, 1916

A mulher do mercador do rio: uma carta

No tempo em que meu cabelo caía reto sobre minha
[testa,
Eu brincava ao pé do portão da frente, colhendo flores.
Vínheis então montado em pernas de bambu,
[brincando de cavalo
Ou caminháveis em torno do meu assento, brincando
[com ameixas azuis.
Assim íamos vivendo na aldeia de Chokan:
Dois pequeninos seres, sem rancor nem suspeita.

Aos catorze desposei Meu Senhor, Vós.
Rir é que nunca pude, pois sou tímida.
Baixando a cabeça, contemplava a parede.
Ao chamarem por mim — mil vezes — nunca olhei
[para trás.
Aos quinze parei de fingir-me zangada
E desejei que meu pó se misturasse ao vosso
Para sempre e para sempre e para sempre.
Para que haveria de subir ao mirante?

Aos dezesseis viajastes
Fostes para a longínqua Ku-to-yen, à beira do rio dos
[remoinhos,

Cinco meses já vão que estais ausente.
Doloroso é o barulho dos macacos lá em cima.
Arrastastes os pés quando partistes.
Ao pé do portão, agora, cresceu musgo, diversas
                                      [espécies de musgo,
Enraizados de mais para que possa arrancá-los!
As folhas caem cedo este ano, com o vento.
As borboletas aos pares já estão amarelas de agosto
Por cima da grama no jardim do poente.
Elas me magoam. Estou ficando mais velha.
Se voltardes pelos estreitos do Rio Kiang,
Mandai-me dizer a tempo
E viajarei o mais longe que possa ao vosso encontro
Pelo menos até à altura
        de Cho-fu-sa.

                                            RIHAKU

                                      CATHAY, 1915

Piauiense de Terezina, nascido a 22.10.1930, Mário Faustino foi o mais novo dos vinte filhos de Francisco dos Santos e Silva e Celsa Veras e Silva. O comerciante José Veras, seu irmão mais velho, e a cunhada, D. Euridice Mascarenhas, elegeram-no filho antes de se transferirem para Belém, onde Mário Faustino fez o ginásio e se iniciou no jornalismo aos 16 anos de idade, como autor de crônicas diárias em A Província do Pará, *que lhe publicou as primeiras traduções de poesia e os artigos de crítica cinematográfica.*

O poeta surgiu nele, intempestivamente, em 1948, com os versos musicais de um díptico rilkeano, Os Poemas da Rosa, *ocupando página inteira do Suplemento Literário da* Folha do Norte *(dirigido por Haroldo Maranhão, com quem, nesse mesmo ano, ao lado de Benedito Nunes, editou a revista literária* Encontro*), e precedidos de longo estudo de F. Paulo Mendes, seu amigo mais velho, professor de Literatura, que o instigou a fazer poesia. Editor daquele jornal no ano seguinte, interrompeu o curso de Direito — que por desinteresse não chegaria a concluir — para dedicar-se, como bolsista, de 1951 a 1952, no Pomona College, em Covina, Califórnia, ao estudo da literatura de língua inglesa.*

De volta da Europa, em 1953, travou amizade com o poeta Robert Stock (autor de Covenants, *1967), egresso das comunidades inconformistas de* Big Sur *da década de 40, e que po-*

bremente viveu em Belém durante quatro anos; dele terá aprendido, no momento em que escrevia O Homem e sua Hora, a dedicação extrema ao trabalho poético — o real work, conforme costumava dizer o norte-americano.

Publicou O Homem e sua Hora antes de mudar-se definitivamente para o Rio; aí exerceria até 1958 intensa atividade no jornalismo literário, enquanto editor e autor de Poesia-Experiência, que franqueou ao Concretismo, sobre o qual foi um dos primeiros a escrever.

Tradutor da ONU, de 1959 a 1960, em Nova York, testemunhou as tumultuosas sessões dessa organização internacional sob o impacto da Revolução Cubana. Inconformista e ao mesmo tempo homem do mundo, sua sensibilidade política aguçada guiou-lhe a atividade de editorialista (Jornal do Brasil e A Tribuna da Imprensa).

Na madrugada de 27 de novembro de 1962, em Cerro de las Cruzes, acima dos Andes (Peru), pereceu em fulminante desastre — "A morte espacial que me ilumina", de um de seus versos premonitórios — vítima da explosão do jato que o levava, com 32 anos completos, ao estrangeiro, em missão jornalística.

— *O Homem e sua Hora* — Rio de Janeiro, Livros de Portugal, 1955.

— *Poesia de Mário Faustino* (O Homem e sua Hora, Esparsos e Inéditos I, II, III) Introdução de Benedito Nunes — Rio de Janeiro, Editora Civilização Brasileira S.A., 1966.

— *Cinco Ensaios Sobre Poesia de Mário Faustino* — Apresentação de Assis Brasil — Rio de Janeiro, Edições GRD, Coletânea 2, 1964.

— *Poesia-Experiência* — Organização e Introdução de Benedito Nunes. São Paulo, Editora Perspectiva S.A., Coleção Debates, Literatura, 136, 1977.

— *Ezra Pound: Antologia Poética* — Seleção e Prefácio de Augusto de Campos. Traduções de Augusto de Campos, Décio Pignatari, Haroldo de Campos, *Mário Faustino,* José Lino Grünewald. Lisboa, Editora Ulisséia Ltda.

— *Ezra Pound: Poesia* — Introdução, Organização e Notas de Augusto de Campos. Traduções de Augusto de Campos, Décio Pignatari, Haroldo de Campos, José Lino Grünewald e *Mário Faustino.* São Paulo — Brasília, Editora Hucitec, Editora Universidade de Brasília, 1983.

ÍNDICE

Poeta da poesia 7

DE O HOMEM E SUA HORA, COM OUTROS POEMAS E SONETOS

Romance 15
Vida toda linguagem 17
Sinto que o mês presente me assassina 19
O mundo que venci deu-me um amor 21
Nam sibyllam 22
Inferno, eterno inverno, quero dar 23
Agonistes 24
Onde paira a canção recomeçada 25
Ego de Mona Kateudo 26
Estava lá Aquiles, que abraçava 27
O homem e sua hora 28
Carpe Diem 39
A mis soledades voy 40
Viagem 41
Balada 42
Soneto antigo 44
Ressuscitado pelo embate da ressaca 45
Não quero amar o braço descarnado 46

E nos irados olhos das bacantes 47
Divisamos assim o adolescente 49

DOS POEMAS POSTERIORES
(experimentais e fragmentos)

Cavossonante escudo nosso 50
22-10-1956 53
Morituros salutat 58
Marginal poema 15 60
Apelo de Teresópolis 64
Ariazul 67
Juventude 70
Gaivota, vais e voltas 72
Recesso de água entre rochedos turvos 74
O eixo: a envergadura: a tempestade: o todo .. 75
Inês, Inês, quem sobrevive, quem 76
Espadarte em crista de vaga 77

O POETA COMO TRADUTOR DE EZRA POUND

Nota explicativa 79
Da homenagem a Sextus Propertius (1917) ... 81

Phanopoeia (I, II, III)	94
Sobre sua própria face num espelho	96
A água-furtada	97
A mulher do mercador do rio: uma carta	98
Nota biobibliográfica	101
Bibliografia essencial	103

COLEÇÃO MELHORES POEMAS

CASTRO ALVES
Seleção e prefácio de Lêdo Ivo

LÊDO IVO
Seleção e prefácio de Sergio Alves Peixoto

FERREIRA GULLAR
Seleção e prefácio de Alfredo Bosi

MARIO QUINTANA
Seleção e prefácio de Fausto Cunha

CARLOS PENA FILHO
Seleção e prefácio de Edilberto Coutinho

TOMÁS ANTÔNIO GONZAGA
Seleção e prefácio de Alexandre Eulalio

MANUEL BANDEIRA
Seleção e prefácio de Francisco de Assis Barbosa

CECÍLIA MEIRELES
Seleção e prefácio de Maria Fernanda

CARLOS NEJAR
Seleção e prefácio de Léo Gilson Ribeiro

LUÍS DE CAMÕES
Seleção e prefácio de Leodegário A. de Azevedo Filho

GREGÓRIO DE MATOS
Seleção e prefácio de Darcy Damasceno

ÁLVARES DE AZEVEDO
Seleção e prefácio de Antonio Candido

MÁRIO FAUSTINO
Seleção e prefácio de Benedito Nunes

ALPHONSUS DE GUIMARAENS
Seleção e prefácio de Alphonsus de Guimaraens Filho

OLAVO BILAC
Seleção e prefácio de Marisa Lajolo

JOÃO CABRAL DE MELO NETO
Seleção e prefácio de Antonio Carlos Secchin

FERNANDO PESSOA
Seleção e prefácio de Teresa Rita Lopes

AUGUSTO DOS ANJOS
Seleção e prefácio de José Paulo Paes

BOCAGE
Seleção e prefácio de Cleonice Berardinelli

MÁRIO DE ANDRADE
Seleção e prefácio de Gilda de Mello e Souza

PAULO MENDES CAMPOS
Seleção e prefácio de Guilhermino César

LUÍS DELFINO
Seleção e prefácio de Lauro Junkes

GONÇALVES DIAS
Seleção e prefácio de José Carlos Garbuglio

AFFONSO ROMANO DE SANT'ANNA
Seleção e prefácio de Donaldo Schüler

HAROLDO DE CAMPOS
Seleção e prefácio de Inês Oseki-Dépré

GILBERTO MENDONÇA TELES
Seleção e prefácio de Luiz Busatto

GUILHERME DE ALMEIDA
Seleção e prefácio de Carlos Vogt

JORGE DE LIMA
Seleção e prefácio de Gilberto Mendonça Teles

CASIMIRO DE ABREU
Seleção e prefácio de Rubem Braga

MURILO MENDES
Seleção e prefácio de Luciana Stegagno Picchio

PAULO LEMINSKI
Seleção e prefácio de Fred Góes e Álvaro Marins

RAIMUNDO CORREIA
Seleção e prefácio de Telenia Hill

CRUZ E SOUSA
Seleção e prefácio de Flávio Aguiar

DANTE MILANO
Seleção e prefácio de Ivan Junqueira

JOSÉ PAULO PAES
Seleção e prefácio de Davi Arrigucci Jr.

CLÁUDIO MANUEL DA COSTA
Seleção e prefácio de Francisco Iglésias

MACHADO DE ASSIS
Seleção e prefácio de Alexei Bueno

HENRIQUETA LISBOA
Seleção e prefácio de Fábio Lucas

AUGUSTO MEYER
Seleção e prefácio de Tania Franco Carvalhal

RIBEIRO COUTO
Seleção e prefácio de José Almino

RAUL DE LEONI
Seleção e prefácio de Pedro Lyra

ALVARENGA PEIXOTO
Seleção e prefácio de Antonio Arnoni Prado

CASSIANO RICARDO
Seleção e prefácio de Luiza Franco Moreira

BUENO DE RIVERA
Seleção e prefácio de Affonso Romano de Sant'Anna

IVAN JUNQUEIRA
Seleção e prefácio de Ricardo Thomé

CORA CORALINA
Seleção e prefácio de Darcy França Denófrio

ANTERO DE QUENTAL
Seleção e prefácio de Benjamin Abdalla Junior

NAURO MACHADO
Seleção e prefácio de Hildeberto Barbosa Filho

FAGUNDES VARELA
Seleção e prefácio de Antonio Carlos Secchin

CESÁRIO VERDE
Seleção e prefácio de Leyla Perrone-Moisés

FLORBELA ESPANCA
Seleção e prefácio de Zina Bellodi

VICENTE DE CARVALHO
Seleção e prefácio de Cláudio Murilo Leal

PATATIVA DO ASSARÉ
Seleção e prefácio de Cláudio Portella

ALBERTO DA COSTA E SILVA
Seleção e prefácio de André Seffrin

ALBERTO DE OLIVEIRA
Seleção e prefácio de Sânzio de Azevedo

WALMIR AYALA
Seleção e prefácio de Marco Lucchesi

ALPHONSUS DE GUIMARAENS FILHO
Seleção e prefácio de Afonso Henriques Neto

*ARMANDO FREITAS FILHO**
Seleção e prefácio de Heloísa Buarque de Hollanda

*ÁLVARO ALVES DE FARIA**
Seleção e prefácio de Carlos Felipe Moisés

*MÁRIO DE SÁ-CARNEIRO**
Seleção e prefácio de Lucila Nogueira

*SOUSÂNDRADE**
Seleção e prefácio de Adriano Espínola

*LUIZ DE MIRANDA**
Seleção e prefácio de Regina Zilbermann

*PRELO**

COLEÇÃO MELHORES CONTOS

Aníbal Machado
Seleção e prefácio de Antonio Dimas

Lygia Fagundes Telles
Seleção e prefácio de Eduardo Portella

Breno Accioly
Seleção e prefácio de Ricardo Ramos

Marques Rebelo
Seleção e prefácio de Ary Quintella

Moacyr Scliar
Seleção e prefácio de Regina Zilbermann

Machado de Assis
Seleção e prefácio de Domício Proença Filho

Herberto Sales
Seleção e prefácio de Judith Grossmann

Rubem Braga
Seleção e prefácio de Davi Arrigucci Jr.

Lima Barreto
Seleção e prefácio de Francisco de Assis Barbosa

João Antônio
Seleção e prefácio de Antônio Hohlfeldt

Eça de Queirós
Seleção e prefácio de Herberto Sales

Mário de Andrade
Seleção e prefácio de Telê Ancona Lopez

Luiz Vilela
Seleção e prefácio de Wilson Martins

J. J. Veiga
Seleção e prefácio de J. Aderaldo Castello

João do Rio
Seleção e prefácio de Helena Parente Cunha

Ignácio de Loyola Brandão
Seleção e prefácio de Deonísio da Silva

Lêdo Ivo
Seleção e prefácio de Afrânio Coutinho

Ricardo Ramos
Seleção e prefácio de Bella Jozef

MARCOS REY
Seleção e prefácio de Fábio Lucas

SIMÕES LOPES NETO
Seleção e prefácio de Dionísio Toledo

HERMILO BORBA FILHO
Seleção e prefácio de Silvio Roberto de Oliveira

BERNARDO ÉLIS
Seleção e prefácio de Gilberto Mendonça Teles

AUTRAN DOURADO
Seleção e prefácio de João Luiz Lafetá

JOEL SILVEIRA
Seleção e prefácio de Lêdo Ivo

JOÃO ALPHONSUS
Seleção e prefácio de Afonso Henriques Neto

ARTUR AZEVEDO
Seleção e prefácio de Antonio Martins de Araújo

RIBEIRO COUTO
Seleção e prefácio de Alberto Venancio Filho

OSMAN LINS
Seleção e prefácio de Sandra Nitrini

ORÍGENES LESSA
Seleção e prefácio de Glória Pondé

DOMINGOS PELLEGRINI
Seleção e prefácio de Miguel Sanches Neto

CAIO FERNANDO ABREU
Seleção e prefácio de Marcelo Secron Bessa

EDLA VAN STEEN
Seleção e prefácio de Antonio Carlos Secchin

FAUSTO WOLFF
Seleção e prefácio de André Seffrin

AURÉLIO BUARQUE DE HOLANDA
Seleção e prefácio de Luciano Rosa

ALUÍSIO AZEVEDO
Seleção e prefácio de Ubiratan Machado

*ARY QUINTELLA**
Seleção e prefácio de Mônica Rector

*PRELO**